AF176483

ABSCHLUSSARBEITEN VERBESSERN

DER LAST-MINUTE-RATGEBER

Stefanie Begerow

Bibliografische Information der Deutschen Nationalbibliothek:
Die Deutsche Nationalbibliothek verzeichnet diese Publikation
in der Deutschen Nationalbibliografie; detaillierte bibliografische Daten sind im Internet über http://dnb.dnb.de abrufbar.

Covergestaltung: scharfenberg-illustration.de
Foto d. Autorin: Gerald Krampitz

Herstellung und Verlag: BoD – Books on Demand, Nor-
derstedt

ISBN: 978-3-7526-6148-4

Inhalt

Einleitung

Die Kunst, wissenschaftliche Arbeiten zu verfassen, wird in einer Fülle von Ratgebern behandelt – wenn aber der Text schon geschrieben ist und der Abgabetermin kurz bevorsteht, ist eine andere Frage akut: Wie lässt sich die Arbeit schnellstmöglich verbessern? Dieses Anliegen begegnet mir in meiner täglichen Arbeit als Korrektorin am häufigsten.

Dieser Ratgeber verfolgt daher das Ziel, eine wenig aufwendige, aber wirkungsvolle Aufwertung der Abschlussarbeit zu ermöglichen. Mithilfe der Tipps in diesem Buch können zahlreiche Probleme beseitigt werden, die zu einem Punktabzug führen oder sogar für das Bestehen oder Nichtbestehen entscheidend sein können. Wer wirklich nur noch 24 Stunden Zeit bis zur Abgabe und gleichzeitig viele Baustellen in seiner Arbeit hat, findet am Ende dieses Buches eine Anleitung, mit der sich in sieben Schritten das Nötigste optimieren lässt.

Nach dieser Einleitung werden zunächst die grundlegenden Werkzeuge für die schnelle Überarbeitung vorgestellt. Weiter wird kapitelweise auf wesentliche Punkte eingegangen, die in die Benotung einer Abschlussarbeit einfließen: Gliederung, Einleitung und Fazit, Roter Faden, Akademischer Ausdruck, Einheitlichkeit, Quellenangaben, Fehlerkorrektur, Verzeichnisse und Formatierung. Dabei soll jeweils anhand von Listen, Tabellen und weiterführenden Hinweisen ein Leitfaden zur eigenständigen Überarbeitung bereitgestellt werden.

Probleme, die den Inhalt der Arbeit betreffen, werden bewusst ausgeklammert: Eine inhaltliche Überarbeitung ist nichts, was kurz vor dem Abgabetermin erledigt werden kann, und erfordert zudem eine gründliche Beschäftigung mit dem jeweiligen Fachbereich. Unterschiede zwischen Hochschulen, Studiengängen und Fachbereichen werden nur begrenzt berücksichtigt. Stattdessen liegt der Fokus auf Anpassungen, die fächerübergreifend zu einer Optimierung führen.

Bleibt noch darauf hinzuweisen, dass dieser Ratgeber selbst keinen Anspruch auf Wissenschaftlichkeit erhebt. Das Geschilderte beruht auf meinen subjektiven Erfahrungen als Korrekturleserin von mehreren Hundert Abschlussarbeiten. Dabei hatte ich einerseits Einblick in zahlreiche Richtlinien und Vorgaben von Seiten der Hochschulen, andererseits in die (sich häufig ähnelnden) Anliegen von Studierenden unterschiedlichster Fachbereiche.

Grundlagen für die Anwendung dieses Ratgebers

Das zentrale Werkzeug für eine schnelle Anpassung des gesamten Textes ist die in nahezu allen Schreibprogrammen vorhandene Suchfunktion. Damit können einzelne Zeichen, Buchstabenfolgen, Wörter, aber auch längere Abschnitte im gesamten Text gefunden, markiert und angepasst werden. Mit der erweiterten Suchfunktion können die Suchfilter angepasst werden, z. B. kann die Groß- oder Kleinschreibung bei der Suche ignoriert oder auch berücksichtigt werden.

Mit der weiterführenden Funktion Ersetzen lassen sich Wörter mit einem Klick austauschen oder entfernen. Hierbei ist aber Vorsicht angesagt, denn dadurch können neue Fehler entstehen, wenn die Begriffe an den falschen Stellen (z. B. in direkten Zitaten) gelöscht werden. Zur Vereinheitlichung von Schreibweisen und Typografie ist die Funktion dennoch hilfreich.

Steht die Anpassung einzelner Kapitel im Vordergrund, hilft es, diese abschnittsweise durchzugehen und nach Themen farbig zu markieren. So zeigt sich beispielsweise schnell, ob in der Einleitung der Forschungsstand viel zu ausführlich oder die Beschreibung des Aufbaus zu knapp ausgefallen ist.

Auf ausführliche Erläuterungen der Funktionen einzelner Schreibprogramme wie *Microsoft Word* oder *LibreOffice Writer* wird an dieser Stelle verzichtet. Mit einer kurzen Google-Suche lassen sich für alle genannten Funktionen Tutorials auf YouTube oder in Blogartikeln finden, die innerhalb von drei bis fünf Minuten das nötige Wissen vermitteln. Eine tiefergehende Auseinandersetzung mit der Materie ist nicht erforderlich, um die Tipps in diesem Buch umzusetzen.

Abseits von technischen und praktischen Hinweisen ist es hilfreich zu wissen, worauf Prüfungspersonen und Hochschulen Wert legen. Entscheidend ist zunächst der erste Eindruck – sind Formatierung, Verzeichnisse und Gliederung einwandfrei, ist er in der Regel positiv. Folgt dann eine stimmige Einleitung mit einer klaren Fragestellung, wird über kleinere Mängel im weiteren Text eher hinweggesehen. Niemand erwartet Perfektion in sämtlichen Punkten!

Gliederung

Ob die Struktur einer Arbeit klar und übersichtlich ist oder einer Optimierung bedarf, zeigt meist schon ein Blick auf das Inhaltsverzeichnis. Folgende Bedingungen sollten bei einer gelungenen Gliederung erfüllt sein:

- Einleitung macht etwa 10 % des Textteils aus

- Hauptteil ist in 3 bis 5 Kapitel unterteilt

- Fazit nimmt etwa 5 % des Textteils ein

- Unterteilung der Unterkapitel ist höchstens 3-stellig bei Arbeiten bis zu 30 Seiten (4-stellig bei längeren Texten)

- Keine allein stehenden Unterkapitel (wenn es 2.1 gibt, muss auch 2.2 vorhanden sein)

- Unterkapitel umfassen mindestens eine halbe Seite

- Kapitelüberschriften sind knapp und aussagekräftig und enthalten kein Satzzeichen am Ende

- Kapitelüberschriften wiederholen sich nicht

- Keine Zwischenüberschriften in Textabschnitten (höchstens bei sehr langen Kapiteln sinnvoll)

Die meisten dieser Punkte lassen sich schnell ausbessern, indem z. B. Kapitel und Unterkapitel zusammengefasst und die Überschriften entsprechend angepasst werden.

Folgende Beispiele zeigen eine übersichtliche und eine weniger übersichtliche Gliederung zu demselben Thema. Hierbei weichen die beiden Darstellungen bewusst weit voneinander ab, damit die oben beschriebenen Punkte deutlich werden – das Positivbeispiel stellt eine Möglichkeit dar, aber nicht die einzig richtige Lösung.

Übersichtliche Gliederung zum Thema *Soziale Arbeit mit geflüchteten Jugendlichen*:

1 Einleitung

2 Theoretischer Hintergrund

    2.1 Berufsfeld Soziale Arbeit

    2.2 Jugendliche mit Fluchterfahrungen

    2.3 Entwicklung in Deutschland

3 Analyse der Chancen und Herausforderungen

    3.1 Sozialarbeiterische Möglichkeiten

        3.1.1 Familienhilfe

        3.1.2 Schulsozialarbeit

    3.2 Grenzen der Sozialen Arbeit

4 Handlungsempfehlungen

5 Fazit

Unübersichtliche Gliederung zum Thema *Soziale Arbeit mit geflüchteten Jugendlichen*:

1 Einleitung

    1.1 Fragestellung

2 Soziale Arbeit mit geflüchteten Jugendlichen vor dem Hintergrund der aktuellen Situation in Deutschland

    2.1 Soziale Arbeit

        2.1.1 Soziale Arbeit im Wandel der Zeit

            2.1.1.1 Soziale Arbeit im 19. Jh.

            2.1.1.2 Soziale Arbeit im 20. Jh.

            2.1.1.3 Soziale Arbeit heute

    2.2 Jugendliche mit Fluchterfahrungen

3 Chancen

4 Herausforderungen

5 Zusammenfassung der Chancen und Herausforderungen

6 Handlungsempfehlungen

7 Fazit

Einleitung und Fazit

Wer keine Zeit mehr hat, die gesamte Arbeit anzupassen, sollte den Fokus auf die Einleitung und das Fazit legen. Folgende Listen zeigen, was am Anfang und am Ende einer Abschlussarbeit relevant ist und was nicht. Zu bemerken ist, dass von Seiten einiger Hochschulen eine Unterteilung in Unterkapitel gefordert wird. Dies wurde im Anschluss nicht gesondert berücksichtigt, sollte sich aber problemlos übertragen lassen.

Als grobe Richtlinie gilt: Jeder der grün markierten Punkte sollte maximal eine halbe Seite umfassen. Alles, was der roten Kennzeichnung entspricht, kann dagegen gestrichen werden.

Das gehört in die Einleitung:

☑ Knappe Vorstellung des Themas

☑ Zusammenfassung des Forschungsstandes und Problemstellung

☑ Relevanz des Themas

☑ Fragestellung und Zielsetzung

☑ Methodik

☑ Aufbau der Arbeit

Das gehört nicht in die Einleitung:

☒ Ausführliche theoretische Hintergrundinformationen

☒ Detaillierte Beschreibung des Forschungsstandes

☒ Ausführliche Erläuterungen in den Fußnoten

☒ Längere Zitate

☒ Abbildungen und Tabellen

Folgende Fragen können als Unterstützung dienen, um die Elemente der Einleitung treffend zu formulieren:

Knappe Vorstellung des Themas:

- Welches Thema wird in der Arbeit behandelt?

- Welche Informationen sind notwendig, damit ein fachfremder Leser versteht, worum es geht?

- Was ist ein aktueller oder wesentlicher Aspekt dieses Themas?

Zusammenfassung des Forschungsstandes und Problemstellung:

- Wie beurteilt die Forschung das Thema aktuell?

- Gibt es neue Studien oder Erkenntnisse zu dem Thema?

- Welche Punkte werden in der Fachliteratur diskutiert?

- Mit welchen Bereichen hängt das Thema zusammen und welche Auswirkungen hat es (z. B. gesellschaftliche, wirtschaftliche, politische)?

- Gibt es eine konkrete Problematik, die mit dem Thema verbunden ist?

Relevanz des Themas:

- Warum ist eine wissenschaftliche Auseinandersetzung mit diesem Thema notwendig?

- Für wen sind die Erkenntnisse hilfreich (z. B. Wissenschaft, Praxis)?

Fragestellung und Zielsetzung:

- Welche zentrale Forschungsfrage soll in der Arbeit behandelt werden?

- Welche möglichen Teilfragen führen zur Beantwortung der Hauptfrage?
- Welches übergeordnete Ziel wird verfolgt?

Methodik:

- Welches methodische Vorgehen wird in der Arbeit angewendet (z. B. Literaturrecherche, empirische Analyse)?
- Welche Schritte werden hierbei unternommen?

Aufbau der Arbeit:

- Sind die Kapitel der Reihenfolge nach aufgeführt?
- Entspricht die Beschreibung der Gliederung? Lassen sich Kapitelüberschriften und -nummern eindeutig zuordnen?

Das gehört ins Fazit:

☑ Zusammenfassung der Untersuchung

☑ Beantwortung der Fragestellung

☑ Reflexion

☑ Ausblick auf weiterführende Forschungen

Das gehört nicht ins Fazit:

☒ Neue Informationen

☒ Neue Beispiele

☒ Direkte oder indirekte Zitate

☒ Wiederholung theoretischer Inhalte

☒ Abbildungen und Tabellen

Folgende Fragen und Punkte können nützlich sein, um das Fazit knapp und präzise zu formulieren:

- Die Zusammenfassung der Untersuchung enthält den Ausgangspunkt und das Vorgehen im Hauptteil.

- Bei der Beantwortung der Fragestellung wird die zentrale Frage wiederholt und mit einem Kernsatz beantwortet. Wenn nötig,

werden weitere relevante Punkte aufgeführt.

- Die Reflexion beinhaltet eine Beurteilung
der eigenen Forschung. Hat die Untersuchung zu den erwünschten Erkenntnissen
geführt? Wurde das Ziel der Arbeit erreicht?
Was lief nicht so wie geplant oder hat sich
als nicht sinnvoll erwiesen? Was hätte anders gemacht werden können?

- Im abschließenden Ausblick auf weiterführende Forschungen wird darauf Bezug genommen, welche Fragestellungen oder in-
teressanten Punkte sich aus der vorliegenden Arbeit ergeben haben und in welchem
Rahmen sie zukünftig untersucht werden
könnten.

Weitere Hinweise zu Einleitung und Fazit:

Das erste und das letzte Kapitel der Arbeit bilden
den Rahmen der Untersuchung. Ziel ist es, dass ein
fachfremder Leser nachvollziehen kann, welcher
Frage nachgegangen wurde und wie sie sich beant-
worten lässt.

Entscheidend ist daher, dass beide Kapitel einander entsprechen. Das heißt, die Beschreibung des
Vorgehens, die Zielsetzung und die Fragestellung

müssen gleich formuliert sein. Dieser Abgleich lohnt sich in jedem Fall, da damit zugleich eine Grundvoraussetzung für den Roten Faden der Arbeit geschaffen wird.

Roter Faden

Der sogenannte Rote Faden, der sich im besten Fall glatt durch die Arbeit zieht und die einzelnen Teile verbindet, lässt sich nur schwer nachträglich in eine Arbeit einbauen. Ist aber eine schlüssige Grundstruktur vorhanden, die nur noch kein stimmiges Ganzes ergibt, lässt sich mit einigen schnellen Eingriffen nachhelfen:

1. Eine klar strukturierte Gliederung zeigt auf den ersten Blick, worauf die Arbeit abzielt. Ist das nicht der Fall, sind die Kapitel meist entweder zu kleinteilig gegliedert oder mit zu allgemein formulierten Überschriften versehen. Folgende Beispiele zeigen, welche Grundgerüste (fast) immer funktionieren:

> **Beispiel 1: Literaturanalyse**
>
> 1 Einleitung
>
> 2 Theoretischer Rahmen
>
> 3 Analyse
>
> 4 Diskussion/Handlungsempfehlungen
>
> 5 Fazit

Beispiel 2: Empirische Untersuchung

1 Einleitung

2 Theoretischer Rahmen

3 Methodik

4 Auswertung

5 Ergebnisse

6 Diskussion

7 Fazit

2. Einleitung und Fazit bilden eine Einheit: Wenn die Fragestellung aus der Einleitung im Fazit im gleichen Wortlaut wiedergegeben werden, ist ein direkter Zusammenhang erkennbar.

Beispielformulierung Einleitung:

In der vorliegenden Arbeit soll folgende zentrale Fragestellung untersucht werden: Welche Faktoren begünstigen ein positives Unternehmensklima?

Beispielformulierung Fazit:

Fazit: In dieser Arbeit wurde der zentralen Frage nachgegangen, welche Faktoren ein positives Unternehmensklima begünstigen.

3. Jedes Kapitel enthält einen Bezug zum Hauptthema: Zeigt sich über die Suchfunktion, dass in einem Kapitel keiner der zentralen Begriffe enthalten ist, ist es meist sinnvoll, am Anfang oder Ende des Abschnittes ein bis zwei Sätze zu ergänzen. Zwar ist damit nicht die Gefahr beseitigt, dass das Kapitel zu weit vom Kernthema abschweift, aber immerhin wird der Leser anschließend wieder dorthin zurückgeführt.

Beispielformulierungen:

Bezogen auf (das Kernthema) ist zu ergänzen, dass (...).

Vor dem Hintergrund (des Kernthemas) ist hierbei anzumerken, dass (...).

4. Die Kapitel und Unterkapitel im Hauptteil sind etwa gleich lang: Zwar kommt es auf das Thema und die Art der Arbeit an, aber wenn

beispielsweise im Theorieteil ein Unterkapitel sechs Seiten umfasst und ein anderes nur zwei, wird eines der Themen vermutlich zu ausführlich bzw. zu knapp behandelt. In vielen Fällen kann eine andere Einteilung der Unterkapitel ausreichen – z. B., indem das längere in zwei Abschnitte aufgeteilt wird. Sollte ein Kapitel gekürzt werden, empfiehlt es sich, abschnittsweise vorzugehen und sich bei jeder Information die zentrale Fragestellung vor Augen zu führen: Ist die Information für die Beantwortung relevant oder nicht?

Akademischer Ausdruck

Häufig erhalten Studierende von ihren Prüfungspersonen die vage Anweisung „Arbeiten Sie an Ihrem akademischen Ausdruck" und wissen nicht, was genau gefordert wird. Im schlimmsten Fall überfrachten sie den Text daraufhin mit Fremdwörtern oder endlos verschachtelten Sätzen.

Genau das ist aber nicht gemeint, denn im Grunde bedeutet *akademischer Ausdruck*: Schreiben Sie nur das, was wesentlich ist und was Sie auch belegen können, und lassen Sie alles andere weg.

Es geht also in erster Linie darum, bestimmte Wörter und Ausdrücke zu vermeiden. Bei nicht wesentlichen Begriffen handelt es sich meist um sogenannte Füllwörter, die eine Information nur verdeutlichen, oder um Wiederholungen einzelner Begriffe oder Inhalte. Nicht belegbare Aussagen beziehen sich hauptsächlich auf subjektive Ausdrücke, Übertreibungen, Redewendungen oder spekulative Äußerungen.

Darüber hinaus gilt es, auf Umgangssprache zu verzichten – was gar nicht so einfach ist, da viele Ausdrücke sich im alltäglichen Sprachgebrauch etabliert haben und nicht mehr als umgangssprachlich wahrgenommen werden. Und das betrifft auch die Fachliteratur, denn darin finden sich vermehrt

Ausdrücke, die laut Duden als Umgangssprache gekennzeichnet sind.

Ist die Arbeit von solchen Wörtern befreit, kommt es als weiterer zentraler Punkt auf die Genauigkeit der Aussagen an. Hierzu gehören beispielsweise konkrete statt vage Zeitangaben (z. B. *seit den 1990er-Jahren* statt *seit einiger Zeit* oder *früher*).

Nun soll die Arbeit aber nicht nur knapp, sachlich und präzise verfasst werden, sondern dazu sprachlich ansprechend, abwechslungsreich und flüssig lesbar. Hierbei ist es sinnvoll, sich zunächst auf die Verben zu konzentrieren. Sind zu viele allgemeine Verben wie *haben*, *sein* oder *geben* vorhanden, empfiehlt sich der Einsatz von Synonymen.

Die folgenden Tabellen bieten schnelle Hilfe bei der stilistischen Überarbeitung der Abschlussarbeit in allen oben genannten Punkten. Problematische Wörter sollten mithilfe der Suchfunktion des Schreibprogramms sichtbar gemacht und gelöscht oder durch die alternativen Formulierungen ergänzt werden.

Tabelle 1: Knapp schreiben – Füllwörter eliminieren

FÜLLWORT	STREICHEN ODER ERSETZEN DURCH:
anscheinend	(-)
bekanntermaßen	(-)
durchaus	(-)
eigentlich	(-)
(nicht) einmal, mal	(-)
gewissermaßen	(-)
irgendwie	(-)
plötzlich	(-)
regelrecht	(-)
sehr	(-)
sozusagen	(-)
unbedingt	(-), zwingend
wohl	(-)
überhaupt	(-)

Tipp: Die Liste der Füllwörter lässt sich beliebig erweitern, denn auch Wörter wie *noch* oder *schon* tragen häufig nichts Wesentliches zu einer Aussage bei. Meist können sie – anders als die Begriffe in der Tabelle – jedoch nicht gedankenlos gestrichen werden, sondern es kommt auf den jeweiligen Kontext an.

Tabelle 2: Knapp schreiben – Wiederholungen kürzen

TYPISCHE KOMBINATIONEN:	STREICHEN ODER ERSETZEN DURCH:
bereits schon	(-), bereits
wie z. B.	(-), wie
voll und ganz	(-), vollständig
Vorteile und Nachteile	Vor- und Nachteile
wie bereits erläutert wurde	(-)

Tipp: Es kann sich auch lohnen, nach häufig verwendeten Substantiven zu suchen. Tauchen sie in nahezu jedem Satz auf, können sie meist durch Pronomen (*diese*, *sie* etc.) oder Synonyme ersetzt werden.

Tabelle 3: Sachlich schreiben – subjektive Ausdrücke streichen oder ersetzen

SUBJEKTIVER AUSDRUCK	STREICHEN ODER ERSETZEN DURCH
besser	(-), verstärkt, optimiert
falsch	(-), nicht sinnvoll, wirkungslos
groß	(-), deutlich
gut	(-), positiv, optimal
klein	(-), gering, minimal
leider	(-)
logischerweise	(-)
natürlich	(-)
richtig	(-), passend, wirkungsvoll
selbstverständlich	(-)
sicherlich	(-)
schlecht	(-), negativ
wichtig	relevant, zentral, entscheidend, bedeutsam
ziemlich	(-)

Tipp: Die Wörter, für die keine Alternativen angegeben sind, sollten in jedem Fall gestrichen werden. Das ist bedenkenlos möglich, weil sich die Aussage nicht ändert, wenn sie fehlen.

Tabelle 4: Sachlich schreiben – Übertreibungen streichen

AUSDRUCK DER ÜBERTREIBUNG	STREICHEN ODER ERSETZEN DURCH
äußerst	(-)
enorm	(-)
extrem	(-)
ganz	(-)
hervorragend	(-)
immens	(-)
keinesfalls	nicht
maximalste	maximale
niemals, nie	nicht
optimalste	optimale
sehr	(-)
total	(-)
unglaublich	(-)
völlig	(-)

Tipp: Wer unter Zeitdruck steht, sollte die Suche auf das Wort *sehr* beschränken. Dieses kommt erfahrungsgemäß überdurchschnittlich häufig vor und fällt dadurch stärker auf als ein vereinzelter Ausdruck.

Tabelle 5: Sachlich schreiben – Redewendungen und Metaphern umformulieren

TYPISCHE REDEWENDUNG	SACHLICHE FORMULIERUNG
Das sprengt den Rahmen dieser Arbeit.	Das kann im Rahmen dieser Arbeit nicht berücksichtigt werden.
Der springende Punkt ist, (...).	Zentral ist, (...); Der zentrale Aspekt liegt in (...).
Das steht noch in den Sternen.	Das bleibt abzuwarten.

Tipp: Streng genommen fällt in den Bereich Redewendungen und Metaphern alles, was im übertragenen Sinne, also nicht wörtlich gemeint ist. Wie stark dies bei der Bewertung berücksichtigt wird, ist meist abhängig vom Fachbereich.

Tabelle 6: Sachlich schreiben – Spekulative Äuße-rungen löschen oder umformulieren

SPEKULATIVE ÄUßERUNG	SACHLICHE ALTERNATIVEN
Das wird zu (…) führen.	Aufgrund von (…) kann angenommen werden, dass dies zu (…) führt.
Das hat weitreichende Folgen.	Das wird Studie X zufolge weitreichende Folgen haben.
Mit (…) ist wohl niemand gern konfrontiert.	(-); Laut Studie X ist (…) für 100 % der Befragten problematisch.

Tipp: Die Arbeit systematisch nach solchen Formulierungen zu durchsuchen, ist kaum möglich. Es lohnt sich jedoch, zumindest die Einleitung und das Fazit hierauf zu prüfen, wobei eine Suche nach *wird*, *ist* oder *hat* meist hilfreich ist. Als Grundregel gilt dabei: Stehen diese Wörter in einer Aussage, die sich auf die Zukunft bezieht, muss klar sein, dass es eine Vermutung ist und worin diese begründet liegt.

Tabelle 7: Sachlich schreiben – Umgangssprache und allgemeine Ausdrücke vermeiden

ALLGEMEINES WORT	SACHLICHE ALTERNATIVEN
Auto	Automobil, Fahrzeug
Bild	Abbildung, Grafik, Darstellung
Buch	Publikation, Veröffentlichung
Chef	Vorgesetzter, Führungskraft
Dinge, Sachen	Aspekte, Sachverhalte, Objekte
Job	berufliche Tätigkeit, Arbeitsplatz
Jungs	Jungen
Leute	Menschen, Personen
Uni	Universität
wollen	möchten

Tipp: Die Liste der Wörter, die in der Alltagssprache etabliert, aber im wissenschaftlichen Kontext unerwünscht sind, ist lang. Die oben aufgeführten Begriffe beschränken sich daher auf solche, die nach meiner Erfahrung besonders häufig in Studienarbeiten vorkommen und schnell ersetzt werden können.

Tabelle 8: Präzise schreiben – Genauigkeit der Aussagen

UNPRÄZISE FORMULIERUNG	PRÄZISE FORMULIERUNG
Dieser Aspekt wird später erneut aufgegriffen.	Dieser Aspekt wird in Kapitel X ausführlicher behandelt.
wie im letzten Abschnitt erläutert	wie in Kapitel X erläutert
in den letzten/vergangenen Jahrzehnten	seit den 1990er-Jahren, seit der Jahrtausendwende
heute, heutzutage	im 21. Jahrhundert, aktuell
früher	in den 1950er-Jahren
in einer kurzen Zeit	innerhalb von fünf bis zehn Minuten
Dollar	US-Dollar
Studien aus Amerika	US-amerikanische Studien

Tipp: Hierbei eignet sich die Suche nach den Wortbestandteilen *letzt, vergangen, spät, heut, früh* und *kurz*. Das Umformulieren ist teils etwas aufwendiger, dafür aber umso effektiver, denn durch präzise Angaben wirkt die Arbeit direkt fundierter und weniger allgemein.

Tabelle 9: Ansprechend schreiben

STILISTISCH UNSCHÖN	ALTERNATIVE
welcher, welche, welches (als Relativpronomen)	der, die, das
von der/dem (Dativ)	der/des (Genitiv)
Unnötiger Passivgebrauch: Es wird von den Forschern angenommen, dass (...).	Die Forscher nehmen an, dass (...)
Überzogener Nominalstil: Die Untersuchung diente der Erkennung und Beseitigung von Problemen und Risiken.	Die Untersuchung diente dazu, Probleme und Risiken zu erkennen und zu beseitigen.

Tipp: Ein Blick auf die Satzanfänge kann ebenfalls sinnvoll sein: Beginnen zu viele Sätze mit *Es* oder *Dies*, liest sich der Text weniger angenehm. Steht mehrmals hintereinander *Der/Die/Das* am Satzanfang, wirkt es schnell monoton. Passende Alternativen bieten hierbei Ausdrücke wie: *zudem, darüber hinaus, ebenfalls, hinzu kommt*.

Tabelle 10: Abwechslungsreich schreiben

HÄUFIGE VERBEN	SYNONYME
brauchen	benötigen, bedürfen
finden	ermitteln
geben, (es gibt)	existieren, vorliegen
gehen, (es geht darum)	betreffen, beziehen
haben (hat)	aufweisen, besitzen
machen (macht)	unternehmen, durchführen, gestalten
sagen (sagt)	feststellen, annehmen, verweisen auf
sehen (sieht)	erkennen
sein (ist)	betreffen, sich beziehen auf, darstellen
tun	handeln, unternehmen
vorkommen	auftreten

Tipp: Ähnliches gilt für sogenannte Lieblingsverben, die unbewusst überdurchschnittlich häufig genutzt werden. Mit einer Google-Suche nach *Synonyme* lassen sich Websites und Tools finden, die passende Alternativen aufzeigen. Wichtig ist aber, bei der Überarbeitung auf den Kontext und die Satzgrammatik zu achten, denn meist lassen sich die Begriffe nicht gedankenlos austauschen.

Tabelle 11: Flüssig schreiben

VERMIEDEN WERDEN SOLLTEN	LÄSST SICH OPTIMIEREN DURCH
Mehrere kurze Sätze hintereinander	Verbindungswörter wie: *da, dadurch, damit, denn, jedoch, sodass, während, weil, wobei*
Stark verschachtelte Sätze (gekennzeichnet durch zu viele Kommas)	Aufteilen der Sätze durch Punkt oder Semikolon, Einschübe mit Gedankenstrichen
Gehäufte Verwendung von *und*	Bei Aufzählungen durch Komma ersetzen; ansonsten durch *sowie* oder Wendungen wie: *sowohl/als auch, entweder/oder, weder/noch, zum einen/zum anderen, erstens/zweitens*

Tipp: Ein flüssig lesbarer Text enthält eine Mischung längerer und kurzer Sätze, die aufeinander Bezug nehmen. Bleibt keine Zeit, dies in der gesamten Arbeit anzupassen, kann es sinnvoll sein, zumindest Einleitung und Fazit dahingehend zu überarbeiten.

Tabelle 12: Sonderfall Anglizismen

Englische Begriffe können klein und kursiv geschrieben oder wie folgt an die deutsche Schreibweise angepasst werden:	
download (einfaches Substantiv)	Download (Großschreibung)
supply chain (Verbindung aus zwei oder mehr Substantiven)	Supply-Chain (mit Bindestrich)
social media (Verbindung aus Adjektiv und Substantiv)	Social Media (ohne Bindestrich)
Enthält eine Verbindung mindestens ein deutsches Wort, müssen alle Bestandteile zu einem Wort zusammengefasst oder mit Bindestrichen durchgekoppelt werden:	
Management Konzept	Managementkonzept, Management-Konzept
Social Media Aktivitäten	Social-Media-Aktivitäten

Tipp: Inwiefern Anglizismen zulässig sind, ist stark vom Fachbereich abhängig. Zudem wandelt sich die Sprache in dieser Hinsicht aktuell rasant, denn

in einer zunehmenden Anzahl von modernen Studi-
enrichtungen sind englische Begriffe Teil der Fach-
sprache. Wichtig ist jedoch, dass die Schreibweisen
einheitlich sind, da sonst die Lesbarkeit des Textes
leidet. Wie dies optimiert werden kann, wird im folgenden Kapitel ausführlicher behandelt.

Einheitlichkeit

Der Punkt der Einheitlichkeit ist insbesondere dann relevant, wenn bestimmte Wörter, Zeichen oder Abkürzungen häufig im Text vorkommen. So sind Formulierungen mit *ich* oder *man* in vielen Fachbereichen nicht erwünscht, sodass die Erzählperspektive überprüft werden sollte.

Wenn häufig direkte Zitate oder kursive und fette Markierungen verwendet werden, lohnt es sich, die Hervorhebungen auf Einheitlichkeit zu überprüfen. Auch legen einige Hochschulen und Prüfungspersonen Wert auf eine geschlechtergerechte Sprache. Eher in den Bereich Schönheitskorrektur fällt die konsequente Anwendung der Schreibweisen von Wörtern, Abkürzungen, Zeichen und Einheiten sowie Zahlen und Datumsangaben – letztlich ergibt sich hierdurch jedoch ein stimmiges Gesamtbild.

Erzählperspektive: ich, wir, man

Wissenschaftliche Arbeiten werden aus einer neutralen Perspektive geschrieben. Formulierungen mit *ich*, *wir* oder *man* sind häufig nicht gewünscht, da sie Aussagen weniger objektiv und/oder präzise erscheinen lassen.

Diese Wörter lassen sich meist nicht einfach streichen oder ersetzen, sondern erfordern, den

Satz leicht umzuformulieren. Beispielhaft kommen folgende Alternativen infrage:

- „Ich habe mich für folgendes Thema entschieden":
  Im Rahmen dieser Arbeit wurde folgendes Thema gewählt (generell anwendbar); *Der Autor dieser Arbeit hat sich für folgendes Thema entschieden* (je nach Hochschule/Fachbereich teils nicht gewünscht)

- „Unsere Gesellschaft hat sich verändert":
  Die Gesellschaft in Deutschland ist von Veränderungen geprägt; Die Menschen in Deutschland sind mit gesellschaftlichen Veränderungen konfrontiert

- „Man nimmt an, dass dies ein zentraler Faktor ist":
  Die Forschenden nehmen an, dass dies ein zentraler Faktor ist; In der Forschung wird angenommen, dass dies ein zentraler Faktor ist

Hervorhebungen

Die Suche nach Anführungszeichen ist in jedem Fall zu empfehlen, auch wenn es womöglich nötig ist, sich mühsam durch die einzelnen Stellen zu klicken. Einheitlichkeit bei Kennzeichnungen im Text sorgt

für ein stimmiges Schriftbild und ist oft ein ent-
scheidender Faktor für den ersten Eindruck einer
Arbeit.

Zuerst kann es hilfreich sein, im Schreibpro-
gramm die Option *Gerade Anführungszeichen
durch typografische ersetzen* zu aktivieren.
Dadurch sollten alle englischen Anführungszeichen
durch deutsche ausgetauscht werden. Insgesamt
gilt, dass Anführungszeichen und sonstige Kennzeichnungen des Textes (z. B. Kursivschrift) einem
klaren Schema folgen sollten. Empfehlenswert ist
hierbei:

- Durchgehend deutsche Anführungszeichen
  („Doppelte Anführungszeichen"; ‚einfache Anführungszeichen')

- Doppelte Anführungszeichen nur für direkte Zitate und Titel von Publikationen oder Aufsät-
  zen, einfache Anführungszeichen bei Zitaten
  im Zitat

- Für eigene Hervorhebungen, z. B. von Fachbe-
  griffen: *Kursivschrift*

- Keine **fetten** Markierungen abseits der Kapitelüberschriften

Während sich problemlos nach einfachen und doppelten Anführungszeichen suchen lässt, ist dies bei kursiv und fett hervorgehobenen Begriffen nicht möglich. Jedoch können alle gleich formatierten Textteile mit der Funktion *Markieren* hervorgehoben werden, sodass sie immerhin leichter zu erkennen sind.

Geschlechtergerechte Sprache

Wenn in einer Arbeit gegendert werden soll, ist dies meist in den Richtlinien der Hochschulen klar definiert. Grundsätzlich gilt: Je weniger Aufmerksamkeit dem Thema in den Vorgaben gewidmet wird, desto weniger relevant ist es für die Benotung.

Wer gar nicht daran gedacht hat und durchgehend die männliche Form nutzt, kann (soweit mit den Richtlinien des Fachbereichs kompatibel) in der Einleitung einen sogenannten Gender-Disclaimer hinzufügen – einen Satz, der eine Erklärung für die gesamte Arbeit darstellt: *Zugunsten der Lesbarkeit wird in dieser Arbeit durchgehend die männliche Form verwendet. Sofern nicht anders gekennzeichnet, ist dabei die weibliche Form eingeschlossen.*

Etwas schwieriger wird es, wenn uneinheitlich gegendert wird, also z. B. teils von *Mitarbeitern*, teils von *Mitarbeitenden* und wieder an anderen Stellen von *Mitarbeiter/innen* die Rede ist. Hierbei ist es sinnvoll, zumindest nach häufig verwendeten Wörtern zu suchen und die Schreibweisen anzugleichen.

Folgende Tabelle zeigt Beispiele für geschlechtsneutrale Formulierungen:

MÄNNLICHE FORM	GESCHLECHTSNEUTRAL
Forscher	Forschende
Kunden	Kundschaft, Konsumierende
Lehrer	Lehrende, Lehrkraft
Mitarbeiter	Mitarbeitende
Schüler	Lernende
Vorgesetzte	Führungskräfte, -personen

Ist eine geschlechtsneutrale Formulierung nicht möglich, muss auf die Doppelnennung zurückgegriffen werden (z. B. *Experten und Expertinnen*).

Wird sich dagegen für eine Kennzeichnung wie das *Gendersternchen* (z. B. *Patient*innen*) entschieden, sollte diese Form konsequent angewendet werden. Somit ist das nachträgliche Einfügen dieser Variante aufwendig und nur bedingt zu empfehlen.

Schreibweisen: Wörter

Für einige Wörter gelten mehrere Schreibweisen als korrekt, wobei der Duden (auch in der Onlineversion) eine Empfehlung gibt. Dies betrifft insbesondere folgende Begriffe, wobei die erste Variante jeweils die empfohlene ist:

- sodass, so dass

- mithilfe, mit Hilfe

- sogenannte, so genannte

- aufgrund, auf Grund

- zugrunde, zu Grunde

- Demografie, Demographie – betrifft fast alle Ausdrücke mit dem Wortbestandteil *graph*

- Potenzial, Potential – betrifft auch verwandte Wörter wie potenziell, daher empfiehlt sich eine Suche nach *poten*

Etwas komplizierter wird es bei zusammengesetzten Wörtern, die entweder in einem Wort geschrieben oder durch einen Bindestrich getrennt werden können. Hierbei gilt die Empfehlung, dass im Deutschen bevorzugt zusammengeschrieben wird, solange die Lesbarkeit dadurch nicht erschwert oder die Bedeutung unklar wird.

Dies jedoch nachträglich konsequent anzuwenden, nimmt viel Zeit in Anspruch, da nicht systematisch nach allen betroffenen Begriffen gesucht werden kann. Dennoch lässt sich eine Verbesserung erzielen, indem häufig verwendete Wortkombinationen einheitlich geschrieben werden.

In folgendem Beispiel wird mit der Funktion *Ersetzen* nach der zulässigen und der falschen Schreibweise gesucht (Groß- und Kleinschreibung ignorieren), die beide durch die empfohlene ersetzt werden:

- Zulässige Schreibweise: *Online-Befragung*

- Falsche Schreibweisen: *Online Befragung*, *online Befragung*

- Empfohlene Schreibweise: *Onlinebefragung*

Schreibweisen: Abkürzungen

Für allgemein bekannte Abkürzungen wie *usw.* gilt, dass sie konsequent genutzt werden sollen – es heißt also nicht an einer Stelle *z. B.* und an einer anderen *zum Beispiel*. Folgende Begriffe werden häufig unbeabsichtigt teils ausgeschrieben, teils abgekürzt:

- zum Beispiel, z. B.

- beispielsweise, bspw.

- unter anderem, u. a.

- und so weiter, usw.

- in der Regel, i. d. R.

- inklusive, inkl.

- vor Christus, v. Chr.

- beziehungsweise, bzw.

Zu beachten ist auch, dass mehrteilige Abkürzungen immer ein Leerzeichen enthalten. Empfohlen wird ein sogenanntes geschütztes Leerzeichen (Strg/Shift/Leertaste), durch das sich verhindern lässt, dass einzelne Elemente am Zeilenende auseinandergerissen werden. Dies kann über die Funktion *Ersetzen* schnell an allen Stellen angepasst werden.

Sonstige Abkürzungen müssen bei der ersten Nennung vorgestellt und dann konsequent angewendet werden, nach folgendem Schema: *Die Europäische Union (EU) hat (…). Somit sind die Mitgliedsstaaten der EU gefordert, (…).*

Diesen Punkt schnell mit der Funktion *Ersetzen* anzupassen, setzt voraus, dass ein Abkürzungsverzeichnis vorhanden ist. Ist das nicht der Fall, aber es gibt Abkürzungen in Klammern im Text, kann die Suche nach der öffnenden Klammer erfolgreich sein. Bei längeren Texten sind jedoch häufig so viele Klammern vorhanden, dass die Ergebnisse nicht mehr in der Übersicht angezeigt, sondern nur einzeln durchgegangen werden können.

Schreibweisen: Zeichen und Einheiten

Ob Zeichen und Einheiten ausgeschrieben oder abgekürzt werden, hängt von der Fachrichtung und der persönlichen Präferenz ab. Erlaubt ist in der Regel beides – es sei denn, in den Richtlinien der Hochschule oder des Fachbereichs ist dies genau festgelegt. Grundsätzlich gilt, dass beispielsweise das %-Zeichen genutzt wird, wenn es sehr häufig vorkommt. Ansonsten wird in den Geisteswissenschaften tendenziell mehr ausgeschrieben und in naturwissenschaftlichen und technischen Fachrichtungen werden eher Kurzformen und Symbole verwendet.

Zudem können die Schreibweisen bei Angaben in Klammern und Tabellen von denen im Fließtext abweichen – müssen dann aber jeweils einheitlich sein. So kann im Fließtext immer *Prozent* stehen und in Klammern und Tabellen immer *%*. Damit dies nicht durcheinander gerät, empfiehlt sich eine Suche nach beispielsweise folgenden Zeichen und Einheiten:

- Prozent, %

- Paragraph, §

- Euro, €

- US-Dollar, $

- Million, Mio.

- Milliarde, Mrd.

- Kilometer, km

- Kilohertz, kHz

- Stunde, h

- Grad Celsius, ° C

Für folgende Zeichen gilt, dass sie im Fließtext immer ausgeschrieben werden (in Klammern und Tabellen sind sie in Ordnung):

- & (und)

- / (oder, und, bzw.)

- - (bis)

Schreibweisen: Zahlen und Datumsangaben

Wie Zahlen und Daten geschrieben werden, ist zum Teil von den Hochschulen oder Fachbereichen vorgegeben. Andernfalls ist folgende Handhabung sinnvoll:

- Ausgeschrieben werden Zahlen von eins bis zwölf und runde Zahlen wie dreißig oder hundert

- Alle anderen Zahlen werden als Ziffern dargestellt

- In Kombination mit Zeichen und Abkürzungen stehen Ziffern (*3 %* statt *drei %*; *5 m* statt *fünf m*)

Bei Datumsangaben sind folgende Schreibweisen üblich:

- 1. Januar 2021

- 01.01.2021

Bei der Vereinheitlichung dieses Punktes kommt es natürlich darauf an, wie viele Zahlen im Text enthalten sind. Hält es sich in Grenzen, lassen sich mit der Suche nach den Zahlen von 0 bis 12 alle betreffenden Stellen schnell ausbessern.

In Bezug auf die Einheitlichkeit der genannten Punkte geht es nicht um peinliche Genauigkeit – fehlt hin und wieder ein Bindestrich oder der Arzt wird ohne die Ärztin genannt, ist dies in aller Regel kein Grund für einen Notenabzug. Wichtig ist aber, dass sich ein stimmiges Gesamtbild ergibt.

Quellenangaben

Wer bei den Quellenangaben nicht von Anfang an sorgfältig vorgegangen ist, macht es sich am Ende unnötig schwer. Passende Quellen nachträglich in den Text einzufügen, ist kaum mehr möglich, insbesondere wenn der Abgabetermin unmittelbar bevorsteht.

Wenigstens lässt sich aber dafür sorgen, dass die Darstellung der vorhandenen Quellenangaben einheitlich ist. Der wichtigste Punkt ist hierbei, dass sich für eine gültige Zitierform entschieden wurde. Ist diese nicht in den Vorgaben der Hochschule festgelegt, sind folgende Varianten gängig:

- Deutsche Zitierweise (Fußnoten), Beispiel: (Vgl.) Name, V.: Titel, Jahr, S. 3.

- APA (Klammern im Text), Beispiel: „Die Studie ist einzigartig" (Name, Jahr, S. 3).

- Harvard (Klammern im Text), Beispiel: „Die Studie ist einzigartig" (Name Jahr: 3).

Es gibt weitere Zitierstile, die in Abhängigkeit vom Fachbereich mehr oder weniger geeignet sind. Ein Punktabzug resultiert aber in der Regel nicht aus der Wahl der Zitierweise, sondern daraus, dass ein Schema nicht konsequent angewendet wird oder zu viele Tippfehler vorhanden sind.

Das lässt sich am schnellsten überprüfen, indem das Literaturverzeichnis durchgegangen und nach den Autorennamen gesucht wird. Wenn möglich, sollten nur die ersten drei oder vier Buchstaben in die Suche einbezogen werden, denn so lassen sich fehlerhafte Schreibweisen erkennen.

In der Übersicht lässt sich schließlich nachvollziehen, ob Namen, Jahreszahlen und Satzzeichen immer gleich dargestellt werden. Gleichzeitig kann die einheitliche Verwendung von *vgl.*, *ebd.* und *et al.* überprüft werden.

Ein weiterer häufiger Fehler bei Quellenangaben im Text besteht darin, dass sie nicht innerhalb, sondern außerhalb des Satzes stehen. Zur Überprüfung dient hierbei eine Suche nach . (, denn die Abfolge *Punkt Leerzeichen Klammer* sollte im Text nicht auftauchen. Gleiches gilt für Kommas – die Satzzeichen erfolgen immer direkt nach der schließenden Klammer.

ANGST VOR PLAGIATEN?

Ein Plagiat zu begehen, also aus fremden Texten entnommene Äußerungen nicht als solche zu kennzeichnen, führt mit hoher Wahrscheinlichkeit zu Schwierigkeiten mit der Prüfungsbehörde.

Plagiate geschehen seltener absichtlich, sondern viel häufiger sind sie dem Zeitdruck oder der mangelnden Erfahrung mit wissenschaftlichen Arbeiten zuzuschreiben. Hier greift aber der alte Spruch „Unwissenheit schützt vor Strafe nicht" – Plagiat ist Plagiat.

Wer sich in dieser Hinsicht nicht sicher ist, kann auf eine Software zur Plagiatsprüfung oder eine entsprechende Dienstleistung zurückgreifen. Die Leistung seriöser Anbieter ist dabei mit den Softwares der Unis vergleichbar. Da der Preis sich meist nach der Länge des Textes richtet, kann es sinnvoll sein, nur die kritischen Textteile prüfen zu lassen.

Fehlerkorrektur

Sind in einer Abschlussarbeit zu viele Fehler enthalten, führt dies mit Sicherheit zu einem Punktabzug. Daher erfolgt auch in beinahe jedem Leitfaden von Seiten der Hochschulen die Aufforderung, die Arbeit sorgfältig auf Rechtschreibung zu prüfen und ggf. Korrektur lesen zu lassen.

Steht die Abgabe unmittelbar bevor, bleiben folgende Möglichkeiten einer kurzfristigen Fehlerkorrektur, die jedoch nicht alle gleich wirksam sind:

- Die Rechtschreibprüfung des Schreibprogramms (geringer Nutzen)

- Online-Tools zur Textkorrektur (geringer Nutzen)

- Familie, Freunde und Bekannte als Korrekturleser (mittlerer bis hoher Nutzen)

- 24h-Korrekturservice (hoher Nutzen)

Die Rechtschreibprüfung der Schreibprogramme ist keine große Hilfe – würde man beispielsweise gedankenlos alle von *MS-Word* angebotenen Vorschläge übernehmen, wären hinterher mit hoher Wahrscheinlichkeit mehr Fehler vorhanden als vorher. Zudem sind die heutigen Programme und Tools nicht in der Lage, fehlerhaften Satzbau oder sinnfreie Verbindungen zu erkennen. Bei der

Kommasetzung sind einige Vorschläge sinnvoll, andere nicht – wer damit Schwierigkeiten hat, ist besser beraten, die Vorschläge zu ignorieren. Dennoch lohnt sich die Prüfung, da z. B. klare Tippfehler und versehentlich doppelt eingefügte Wörter erkannt werden. In jedem Fall sinnvoll ist es zudem, doppelte Leerzeichen löschen: Wenn zwischen zwei Wörtern eine auffällig große Lücke besteht, sind meist doppelte Leerzeichen dafür verantwortlich. Sie lassen sich mithilfe der Funktion *Ersetzen* schnell durch ein einzelnes Leerzeichen austauschen.

Eine weitere geringfügige Hilfe bieten Online-Tools zur Textkorrektur. Die Prüfung ist zwar teilweise deutlich gründlicher als bei den Schreibprogrammen, dafür ist (zumindest in den kostenlosen Versionen) in der Regel die Anzahl der Zeichen begrenzt. Für eine Einschätzung der Textqualität und eine oberflächliche Fehlerbeseitigung sind diese Werkzeuge nützlich. Das menschliche Gehirn können sie aber nicht ersetzen – ob ein Satz Sinn ergibt oder nicht, offenbaren die Programme in den meisten Fällen nicht.

Insgesamt gestaltet sich die eigenständige Fehlersuche schwierig. Daher sei grundsätzlich dazu geraten, die Arbeit von mindestens einer anderen Person lesen zu lassen. Wer keine professionelle Hilfe in Anspruch nehmen möchte oder kann, kann vielleicht Familie, Freunde oder Bekannte als

Korrekturleser engagieren. Infrage kommen vor allem diejenigen, die gern und viel lesen und ein gutes Sprachgefühl haben.

Der schnellste und gründlichste Weg zu einer weitgehend fehlerfreien Arbeit ist eine professionelle Unterstützung, die viele Dienstleister auch in Form einer 24h-Korrektur anbieten. Das Korrekturlesen, oder Korrektorat, beinhaltet eine systematische Fehlerbeseitigung. Zwar kann dabei keine absolute Fehlerfreiheit garantiert werden, aber die Sorge um einen möglichen Punktabzug aus diesem Grund sollte danach aus dem Weg geräumt sein. Darüber hinaus wird im Rahmen der Korrektur auf einheitliche Schreibweisen und die konsequente Verwendung von Abkürzungen etc. geachtet.

Verzeichnisse

Folgende Verzeichnisse müssen in einer Abschlussarbeit vorhanden sein:

- Inhaltsverzeichnis

- Literaturverzeichnis

Weitere Verzeichnisse sind nur nötig, wenn die entsprechenden Einträge vorhanden sind:

- Abkürzungsverzeichnis

- Abbildungsverzeichnis

- Tabellenverzeichnis

- Symbolverzeichnis

Meist legen die Hochschulen in ihren Vorgaben fest, welche Verzeichnisse zwingend sind und welche optional. Während einige ein Abkürzungsverzeichnis wünschen, das wirklich alle Abkürzungen (auch gängige wie *usw.*) enthält, erachten andere ein Verzeichnis als überflüssig, wenn nur allgemein bekannte Abkürzungen enthalten sind. Ein Symbolverzeichnis wird nur in bestimmten Fachbereichen gefordert – Zeichen wie § oder % werden nicht gesondert aufgeführt.

Darüber hinaus wird in der Regel ein automatisches Inhalts-, Abbildungs- und Tabellenverzeichnis gefordert. Dies ist auch sinnvoll, da sich Änderungen in Überschriften und Seitenzahlen mit zwei Klicks anpassen lassen. Automatisierte Verzeichnisse zu erstellen, ist etwas gewöhnungsbedürftig, kann aber über ein fünfminütiges YouTube-Tutorial oder einen entsprechenden Blogartikel erlernt werden.

Das Abkürzungsverzeichnis sollte im besten Fall vollständig sein. Bleibt für die Prüfung keine Zeit, sollten die Einträge wenigstens in alphabetischer Reihenfolge aufgelistet werden und verständlich bzw. stimmig sein. Beispielsweise sollten englische Abkürzungen auch anhand der englischen Begriffe erläutert werden. Mithilfe der Suchfunktion lässt sich dann überprüfen, ob alle aufgeführten Abkürzungen auch im Text vorkommen – wenn nicht, werden sie aus dem Verzeichnis gestrichen.

Ähnliches gilt für das Literaturverzeichnis: Wichtig sind eine alphabetische Sortierung nach den Nachnamen und eine einheitliche Darstellung. Welchem Schema die Angaben folgen, ist meist in den Richtlinien der Fachbereiche festgelegt. Gängige Darstellungen sind z. B.:

- Name, Vorname: Titel. Verlagsort: Verlag, Jahr.

- Name, Vorname (Jahr), Titel, Verlagsort: Verlag

Kleinigkeiten, wie ob der Punkt am Ende konsequent gesetzt wird oder nicht, sorgen für ein stimmiges Gesamtbild. Solche Korrekturarbeiten sind zwar monoton, lohnen sich aber in jedem Fall.

Formatierung

Der zuletzt beschriebene Punkt der Formatierung ist zugleich ein elementarer: Die Form ist entscheidend für den ersten Eindruck und beeinflusst die Beurteilung einer Arbeit, bevor auch nur ein Wort gelesen wurde. Im Optimalfall wird die Formatierung bereits vor dem Schreiben festgelegt. Andernfalls ist es sinnvoll, sie erst dann vorzunehmen, wenn keine Änderungen im Text mehr anstehen.

Zunächst sollten die Seitenränder für den gesamten Text angepasst werden. Sofern nicht anders vorgegeben, sind folgende Maße passend: 2,5 cm oben, links und rechts, 2 cm unten.

Kapitelüberschriften und Fließtext können über die Formatvorlagen schnell vereinheitlicht werden. Erstere werden über die Vorlagen *Überschrift 1*, *Überschrift 2* etc. angepasst, während sämtliche Textabschnitte über die Vorlage *Standard* geändert werden können.

Folgende Einstellungen sind üblich:

- Überschrift 1: Arial, 12 pt., fett

- Überschrift 2: Arial, 11 pt., fett

- Standard: Arial, 11 pt., Blocktext

- Überschrift 1: Times New Roman, 14 pt., fett

- Überschrift 2: Times New Roman, 12 pt., fett

- Standard: Times New Roman, 12 pt., Blocktext

Empfehlenswert ist es, die automatische Silbentrennung zu aktivieren, damit beim Blocktext keine zu großen Lücken zwischen einzelnen Wörtern entstehen.

Ist der Text damit grundsätzlich in eine einheitliche Form gebracht, bringen folgende Punkte schnelle Verbesserung:

- Seitenzahlen einfügen

- Große Lücken bzw. mehrere Leerzeilen im Text löschen

- Abstand zwischen Abbildungen und Text vereinheitlichen

- Gesamten Text markieren (Strg/a) und Schriftfarbe Schwarz auswählen

- Deckblatt nach der Vorlage der Hochschule einfügen

Leitfaden: 7-Schritte-Optimierung

1. Überprüfe die Gliederung und die Kapitelüberschriften (siehe Kapitel *Gliederung*).

2. Füge ein Deckblatt, Seitenzahlen, ein automatisches Inhaltsverzeichnis und ein Literaturverzeichnis ein (siehe Kapitel *Verzeichnisse*).

3. Passe die Formatierung an (siehe Kapitel *Formatierung*).

4. Streiche mithilfe der Suchfunktion die Wörter, die in den Tabellen 1, 3 und 4 ausschließlich mit (-) gekennzeichnet sind (siehe Kapitel *Akademischer Ausdruck, Tab. 1, 3, 4*).

5. Verstärke den Roten Faden deiner Arbeit (siehe Kapitel *Roter Faden*).

6. Prüfe die Quellenangaben (siehe Kapitel *Quellenangaben*).

7. Kontrolliere mindestens die Einleitung auf Rechtschreibfehler (siehe Kapitel *Fehlerkorrektur*).

Checkliste für die Abschlussarbeit

- o Titelblatt mit vollständigen Angaben
- o Abstract (wenn erforderlich)
- o Automatisches Inhalts-, Abbildungs- und Tabellenverzeichnis
- o Abkürzungsverzeichnis (wenn erforderlich)
- o Einleitung
- o Hauptteil
- o Fazit
- o Literaturverzeichnis
- o Eidesstattliche Versicherung

- o Übersichtliche Gliederung
- o Einleitung und Fazit entsprechen einander
- o Roter Faden ist erkennbar
- o Akademischer Ausdruck: möglichst keine subjektiven und umgangssprachlichen Wörter vorhanden
- o Einheitlichkeit in Bezug auf Schreibweisen, Gendern und Quellenangaben
- o Vollständige und aktualisierte Verzeichnisse
- o Einheitliche Form, stimmiges Gesamtbild

Viel Erfolg!